AF144197

BEI GRIN MACHT SICH IHR WISSEN BEZAHLT

- Wir veröffentlichen Ihre Hausarbeit,
  Bachelor- und Masterarbeit

- Ihr eigenes eBook und Buch -
  weltweit in allen wichtigen Shops

- Verdienen Sie an jedem Verkauf

**Jetzt bei www.GRIN.com hochladen
und kostenlos publizieren**

Die methodische Umsetzung von Biografiearbeit im Kontext der stationären Kinder- und Jugendhilfe

GRIN

Bibliografische Information der Deutschen Nationalbibliothek:

Die Deutsche Nationalbibliothek verzeichnet diese Publikation in der Deutschen Nationalbibliografie; detaillierte bibliografische Daten sind im Internet über http://dnb.d-nb.de abrufbar.

ISBN: 9783389018224
Dieses Buch ist auch als E-Book erhältlich.

© GRIN Publishing GmbH
Trappentreustraße 1
80339 München

Druck und Bindung: Books on Demand GmbH, Norderstedt Germany
Gedruckt auf säurefreiem Papier aus verantwortungsvollen Quellen

Das vorliegende Werk wurde sorgfältig erarbeitet. Dennoch übernehmen Autoren und Verlag für die Richtigkeit von Angaben, Hinweisen, Links und Ratschlägen sowie eventuelle Druckfehler keine Haftung.

Das Buch bei GRIN: https://www.grin.com/document/1465933

Inhaltsverzeichnis

1 Einleitung

1.1 Erkenntnisinteresse

Kinder und Jugendliche, die Erfahrungen mit wechselnden Unterbringungen gemacht haben, haben häufig ein schwaches Identitätsgefühl (vgl. M. Pieper et al., 2020, S.23). Sie stellen sich die Fragen, weshalb sie in einer Wohngruppe leben, wie lange sie dortbleiben müssen und ob sie schuld daran sind, dass sie nicht mehr bei ihrer Familie leben (vgl. Lattschar, 2012, S.2). In Situationen von Lebensübergängen oder Lebenskrisen entsteht das Interesse an der eigenen Biografie (vgl. Schindler, 2022, S. 29). Die Biografiearbeit unterstützt Adressat*innen bei der Reflexion ihres Lebens, ihre Vergangenheit besser zu verstehen, ihre Gegenwart zu gestalten und bei einer Zukunftsplanung (vgl. Krecan-Kirchbichler & Klingenberger, 2012, S. 132). Da die Autorin in einer Einrichtung der stationären Kinder- und Jugendhilfe tätig ist, wurde der Fokus der vorliegenden Arbeit auf dieses Feld gelegt. Dennoch sollen und können die Inhalte der Arbeit auch auf Kinder und Jugendliche übertragen werden, die nicht in stationären Einrichtungen untergebracht sind.

1.2 Fragestellung und Zielsetzung

Das Ziel dieser Hausarbeit besteht darin, die methodische Umsetzung der Biografiearbeit im Kontext der stationären Kinder- und Jugendhilfe zu untersuchen. Dabei soll herausgearbeitet werden, welche Bedeutung die Auseinandersetzung mit der eigenen Lebensgeschichte für die Entwicklung der jungen Menschen hat und wie diese Prozesse durch professionelle Fachkräfte begleitet werden können. Darüber hinaus wird erarbeiten, welche Methoden sich in der Praxis der Sozialen Arbeit bewährt haben und wie diese in den pädagogischen Alltag und in professionellen Settings integriert werden können, um den individuellen Bedürfnissen und Lebensgeschichten der Kinder und Jugendlichen gerecht zu werden.

1.3 Aufbau der Arbeit

In der vorliegenden Arbeit wird das Thema Biografiearbeit in der Sozialen Arbeit im Kontext von stationärer Kinder- und Jugendhilfe behandelt. Der Fokus wird dabei auf der methodischen Umsetzung von Biografiearbeit liegen. Dazu wird zunächst in Kapitel 2 in kurzer Form das fachwissenschaftliche Selbstverständnis der Autorin offengelegt, welches dieser Studienarbeit zugrunde liegt. In Kapitel 3 wird eine begriffliche Annäherung an die Begriffe Biografie und

Biografiearbeit erläutert. Im darauffolgenden Kapitel 4 wird die Funktion von Biografiearbeit in der Sozialen Arbeit betrachtet und es werden verschiedene Methoden vorgestellt. In Kapitel 5 wird der Fokus auf die Anwendung der Biografiearbeit in der stationären Kinder- und Jugendhilfe gelegt. Abschließend wird in Kapitel 6 ein Fazit gezogen.

2 Fachwissenschaftliches Selbstverständnis

Ein theoretisch fundiertes fachwissenschaftliches Selbstverständnis ist für Sozialarbeiter*innen aus dem Grund so essenziell, da das Fehlen dieses Selbstverständnisses dazu führt, dass Sozialarbeiter*innen ausschließlich alltagstheoretische und durch eigene biografische Erfahrungen erworbene Ressourcen nutzen, um die sozialarbeiterische Praxis zu bewältigen und somit auch die Funktionen und Aufgaben Sozialer Arbeit nicht wissenschaftlich fundiert begründen können. Laut Bettinger kann die Folge sein, dass die entstandene fachliche Lücke durch staatliche, politische und bürokratische Wissensbestände und Deutungsmuster gefüllt wird. Theorien sind immer als kontingente Deutungsmuster zu verstehen, die Sozialarbeiter*innen zu einer fundierten Reflexion der Bedingungen und Folgen ihres Handelns anregen sollen. Dies setzt immer eine Reflexionskompetenz der Sozialarbeiter*innen voraus (vgl. Bettinger, 2018, S. 1 ff.). Außerdem ist die Bezugnahme auf ein theoretisch fundiertes fachwissenschaftliches Verständnis eine Grundvoraussetzung für die Etablierung einer kritischen Sozialen Arbeit als Bedingung der Begründung und Entwicklung einer reflexiven und kritischen Haltung. Reflexivität wird im Rahmen eines kritischen Verständnisses von Wissenschaft verstanden, in dem Sozialarbeiter*innen die Gesellschaft als eine durch Menschen gemachte und veränderbare Gesellschaft verstehen und eine reflexive Distanz zur vorherrschenden gesellschaftlich konstruierten Ordnung und auch zu sich selbst einnehmen (vgl. Bettinger, 2021, S. 312).

Als Konzept der kritisch-reflexiven Sozialen Arbeit in der Kinder- und Jugendhilfe wird das Konzept der Lebensweltorientierung zugrunde gelegt. Lebenswelten sind durch gesellschaftliche Bedingungen und Ordnungen beeinflusst, die bestimmen, wie subjektiv gelebt wird. Nach dem Konzept der Lebensweltorientierung legen Sozialarbeiter*innen ihr Handeln der Berücksichtigung von gesellschaftlichen Einbindungen in Bezug auf Bedeutungen, Erfahrungen und Handlungen von Subjekten zugrunde. So können Bedürfnisse, Wünsche und Interessen der Adressat*innen wahrgenommen und berücksichtigt werden. Da Lebenswelten individuell erlebt und erfahren werden, jedoch jedes Individuum gesellschaftlich gebunden ist, ist es für Sozialarbeiter*innen notwendig sich mit der subjektiven, der diskursiven und der objektiven Dimension von Lebenswelten auseinanderzusetzen (vgl. Bettinger, 2008, S.423 ff.). Aufgrund des Rahmens dieser Arbeit, wird diese Auseinandersetzung hier nicht vorgenommen.

3 Begriffliche Annäherung an Biografie und Biografiearbeit

3.1 Definition Biografie

Der Begriff Biografie stammt aus dem Griechischen und leitet sich von den Begriffen „Bios", bedeutet „leben" und „gráphein", bedeutet „schreiben, abbilden", ab. Nach der griechischen Wortwurzel ist die Biografie eine Lebensbeschreibung (vgl. Hölzle & Jansen, 2009, S. 31). Sie beschreibt die Geschichte des Lebens, also die subjektive Wirklichkeit, anders als beim Lebenslauf, der die objektiven Daten eines Lebens aufzeigt (vgl. Krecan-Kirchbichler & Klingenberger, 2012, S.132). Es werden sowohl die biografischen Daten, aber auch die Interpretationen dieser Fakten erfasst (vgl. Miethe, 2017, S. 12). Biografie wird nach Schindler als individuelle Erzählung über das eigene gelebte Leben verstanden. Zu jeder Biografie gehören grundlegende Entwicklungsbedingungen, dazu zählen die Geburt und der Tod, die Befriedigung der notwendigen Grundbedürfnisse, die Abhängigkeit von menschlichen Bindungen, der Prozess der laufenden Entwicklung und Alterung, sowie der Kontakt zu Mitmenschen, die nicht veränderbar sind. Außerdem sind Fakten, wie Geburtszeit und -ort, die Herkunft oder Geschwisterfolge ebenfalls unveränderbar (vgl. Schindler, 2022, S. 26).

3.2 Definition Biografiearbeit

Das Bedürfnis der Auseinandersetzung mit dem eigenen Leben entsteht in verschiedenen Übergängen des Lebens, in Lebenskrisen, bei belastenden Lebens- und Familienthemen sowie Alterungsphasen. Biografiearbeit wird als das Bedürfnis benannt, seine eigenen Erfahrungen zu erforschen und dabei zu lernen, Sicherheit, Erleichterung und Orientierung zu entwickeln, indem die Erfahrungen in eine Geschichte eingebracht werden (vgl. Schindler, 2022, S. 27,29). Die Auseinandersetzung mit der eigenen Lebensgeschichte wird auch biografische Selbstreflexion genannt (vgl. M. Pieper et al., 2020, S.13). Der Begriff „Arbeit" wird im Kontext von Biografien bewusst verwendet und leitet auf einen absichtsvollen, bewussten, zielgerichteten und aktiven Prozess. Biografiearbeit unterstützt Menschen partizipativ dabei, ihr eigenes Leben zu reflektieren, einen Zugang zu ihrem Erleben zu entwickeln, sowie bei ihrer Lebensbewältigung und -planung, sie ist auf die Zusammenarbeit von Adressat*innen und Pädagog*innen angewiesen (vgl. Hölzle & Jansen, 2009, S.31, 33). Sie stellt Lernräume, in denen mit verschiedenen, strukturierten Methoden die eigene Vergangenheit besser verstanden werden kann, um Entwürfe für die Zukunft gestalten zu können. Neben der Auseinandersetzung mit dem eigenen Leben, bezieht Biografiearbeit auch gesellschaftliche, soziale und kulturelle Bedingungen mit ein (vgl. Krecan-Kirchbichler & Klingenberger, 2012, S. 132). Das Einbeziehen dieser Bedingungen bietet somit auch die Möglichkeit zur politischen Bildung (vgl. Hölzle & Jansen, 2009, S.33). Nichtwissen oder Brüche in der eigenen Lebensgeschichte machen die biografische Recherche nötig. Diese kann beispielsweise durch Gespräche oder Durchsuchen von Dokumenten in familiären Kontexten, aber auch durch Ermitteln historischer Umstände stattfinden. In die Biografiearbeit fließen einerseits die Ergebnisse der Recherche ein, andererseits auch die Kenntnisse sowie die emotionale Wirkung, die bei der Recherche ausgelöst wurden (vgl. Schindler, 2022, S. 28). Für eine erfolgreiche Biografiearbeit sind angemessene Rahmenbedingungen, wie ein geeigneter Raum, ausreichend Zeit und eine klare Transparenz über den Verlauf der Veranstaltung, unverzichtbar (vgl. Miethe, 2017, S.36). Es ist essenziell einen geschützten, akzeptieren Rahmen zu bieten, in dem Adressat*innen ohne Wertungen ihre subjektive Lebensgeschichte sowie das eigene Erleben mitteilen können. Das Gefühl von anderen Verständnis zu erhalten, kann Adressat*innen bereits entlasten (vgl. Hölzle & Jansen, 2009, S. 42). Biografiearbeit benötigt neben fundierten Kenntnissen über die verschiedenen Methoden auch grundlegendes Wissen über die Funktion und Entstehung von Biografien (vgl. Miethe, 2020, S. 82). Biografiearbeit kann formell oder informell stattfinden. Die formelle Biografiearbeit schließt eine bewusste Arbeit an und mit Biografien als explizites, genanntes Thema ein. Dies kann im pädagogischen Rahmen, aber auch in Kursen an Schulen oder in Seminaren von Professionellen stattfinden. Informelle Biografiearbeit findet im professionellen Kontext in Situationen des Alltags, beispielsweise in Wohngruppen oder Pflegeheimen statt. Hier wird bewusst an der Biografie gearbeitet, ohne dass es den Adressat*innen bewusst sein muss, wie in Gesprächen oder auch beim Essen kochen. Die Biografie wird hier nicht zwangsläufig als Anlass für das Gespräch genutzt, sondern Pädagog*innen erkennen und nutzen geeignete Momente in Gesprächen, um biografische Faktoren einzubauen. Jedoch benötigt diese Form der Biografiearbeit eine gute Einschätzung der Situation, um diese als geeignet einzustufen und fundiertes Wissen über die jeweilige Biografie der Adressat*innen, um pädagogisch handeln zu können (vgl. Miethe, 2017, S. 31 f.).

Biografiearbeit ist in jedem Alter anwendbar. Bei Kindern und Jugendlichen, die gravierende Abbrüche und Verluste erlebt haben, die sie nicht einordnen können, unterstützt sie die Identitätsentwicklung (vgl. Schindler, 2022, S. 29). Außerdem ist Biografiearbeit als Einzel- und Gruppenarbeit möglich (vgl. Miethe, 2017, S.32), abhängig von den Bedürfnissen der Adressat*innen und den zu Verfügung stehenden Ressourcen (vgl. Lattschar, 2012, S.2). Bei der Biografiearbeit herrscht für alle Beteiligten eine strikte Verschwiegenheitspflicht, einschließlich der Verpflichtung zur Verschwiegenheit gegenüber Institutionen und Auftraggebern. Ausnahme stellt hier die Kinder- und Jugendhilfe dar, da im bestimmten Situationen Informationen zum Schutz des Kindes weitergegeben werden müssen. Dies muss zu Beginn offen mit den Adressat*innen kommuniziert werden (vgl. Miethe, 2017, S.39).

4 Biografiearbeit in der Sozialen Arbeit

4.1 Funktion von Biografiearbeit

Die Zielsetzung in der Biografiearbeit muss jeweils an die Adressat*innen angepasst werden, jedoch wird immer wieder auf übergeordnete Zielsetzungen und Funktionen hingewiesen. Brüche in der Biografie, Krisen und kritische Erlebnisse, die oft unvorhersehbar eintreffen, lösen in Adressat*innen Zweifel gegenüber ihrem bisherigen Lebenslauf aus oder verändern diesen. Die Funktion von Biografiearbeit ist es, Adressat*innen nun bei der Entwicklung und Klärung ihrer Identität zu unterstützen, indem sie vergangene Erfahrungen in die eigenen Lebens- uns Selbstwelten integriert. Zu berücksichtigen sind die altersentsprechenden Entwicklungsstufen und entsprechenden Kernkonflikte, denn die Konflikte in einer bestimmten Altersstufe müssen nach Erikson, der das Stufenmodell entwickelte (siehe Anhang, S. 14), ausreichend bearbeitet werden, um ein Selbstwertgefühl zu entwickeln und die nächste Stufe bewältigen zu können, wobei die Konflikte jedoch nie vollständig gelöst werden können (vgl. Hölzle & Jansen, 2009, S. 35ff.). Darüber hinaus geht es bei Biografiearbeit auch um das Akzeptieren der eigenen Lebensgeschichte, Wut, Enttäuschung oder Hoffnungslosigkeit zulassen zu lernen, denn das führt zu Versöhnung, Mut und dem eigenen Wachstum (vgl. ebd., S.19). Das Auseinandersetzen mit der eigenen Biografiearbeit kann bei Individuen jedoch ganz unterschiedliche Wirkungen zeigen. Viele Einzelteile des Lebens, die nicht in Zusammenhang miteinander betrachtet wurden, fügen sich zusammen, dabei können vergangenen Ereignisse wieder sichtbar und angenommen werden. Dieser Prozess kann dabei helfen Geschehenes zu akzeptieren und als Grundlage für die persönliche Weiterentwicklung zu dienen. Außerdem bietet die Auseinandersetzung mit Biografien eine Orientierung, wie beispielsweise Entscheidungen getroffen wurden, welche Werte für die Entscheidungen bedeutend waren, jedoch auch für die Zukunft. Biografien zeigen auf, welche Herausforderungen der Mensch im Laufe seines Lebens bestanden hat, die Auseinandersetzung mit diesen können ermutigend wirken. Des Weiteren werden, besonders wenn man die Erinnerungen anderer miteinbezieht, Gemeinsamkeiten sichtbar, dadurch wird erkennbar, dass Gesellschaft und Politik das Leben der Individuen beeinflusst und das kann ein politisches Bewusstsein erwecken. In der Biografiearbeit können Kompetenzen für ein selbstbewusstes biografisches Handeln entwickelt und erlernt werden, da sich intensiv mit dem eigenen Leben befasst wird, diese können wichtig sein, um Entscheidungen im Leben zu treffen, die den weiteren Verlauf beeinflussen können. Ein wichtiger Punkt in der Arbeit mit der eigenen Biografie ist die Möglichkeit, zur Lebensbejahung zu finden. Das bedeutet, das Individuum sagt „Ja" zu dem, was in der Vergangenheit passiert ist und zu dem, was in der Zukunft kommen wird (vgl. Krecan-Kirchbichler & Klingenberger, 2012, S.133).

Die Stabilisierung der Adressat*innen in Krisen oder Umbrüchen, die die Biografie beeinflussen, wird durch eine konstruktive Begleitung im Rahmen der Biografiearbeit ermöglicht. Um Adressat*innen in der Bewältigung und Integration solcher Veränderungen ihres Lebens zu unterstützen, werden durch die Verwendung verschiedener Methoden die Möglichkeiten dargestellt, ihr subjektives Erleben auszudrücken und sich der eigenen Ressourcen zur Bewältigung der Situationen bewusst zu werden (vgl. Hölzle & Jansen, 2009, S.42)

4.2 Methoden der Biografiearbeit

Die Anwendung einiger Methoden der Biografiearbeit benötigt viel Erfahrung und Kenntnisse, während andere Methoden leicht zu erlernen sind. Um die Entscheidung zu treffen, welche Methode in der jeweiligen Biografiearbeit genutzt wird, sollten sich Pädagog*innen im Sinne einer kritischen Überprüfung fragen, welche Methode zu ihnen passt, in Bezug auf die eigenen Ausbildungen und Vorkenntnisse, sowie den persönlichen Hintergründen. Wichtig ist die Flexibilität den Methoden gegenüber in den jeweiligen Biografiearbeiten. Bei der Biografiearbeit muss den Pädagog*innen bewusst sein, dass jede Methode ein Anreiz für biografische Prozesse ist (vgl. Miethe, 2017, S.44 f.)

Zuerst sollte ein Bezug zu der Entstehung der Methoden der Biografiearbeit hergestellt werden. Sie werden in drei Arten unterteilt. Die unspezifischen Methoden arbeiten mit biografischen

Elementen, jedoch können sie auch in anderen Gruppensituationen zum Beispiel Übungen zum Kennenlernen angewendet werden. Diese Methoden sind jedoch nicht spezifisch darauf ausgerichtet in der Biografiearbeit Anwendung zu finden. Außerdem die modifizierten Methoden, diese basieren auf der Veränderung von Verfahren, die in anderen Wissenschafts- oder Arbeitsfeldern entwickelt wurden, wie zum Beispiel in der Biografieforschung oder Therapie. Eigenständige Methoden sind speziell im Rahmen der Biografiearbeit entwickelte Verfahren, wie zum Beispiel Erzählcafés, Lebensbücher oder Erinnerungskoffer. Obwohl einige Methoden ihren Ursprung in anderen Traditionen nehmen, wurden sie so verändert und weiterentwickelt, dass sie als eigenständige Methoden der Biografiearbeit betrachtet werden können (vgl. ebd., S. 41f.)

Auch die Methoden selbst lassen sich in unterschiedliche Gruppen einteilen. Narrative Methoden haben ihren Ursprung in der sozialwissenschaftlichen Biografieforschung. Um das komplexe Verfahren für die Biografiearbeit anwendbar zu machen, wurden sie stark vereinfacht. Dabei geht es um eine nicht direktive Gesprächsführung, die es den Adressat*innen ermöglicht, ihre eigene Lebensgeschichte zu erzählen. Offene Fragen werden genutzt, um das Erzählen anzuregen und die dabei zu unterstützen, Erinnerungsprozesse anzuregen. Die Methode ermöglicht Menschen mehr über ihr Leben erzählen zu können, als ihnen bewusst ist oder zugänglich ist. Eine weitere Methode ist das autobiografische Schreibverfahren, in der Biografiearbeit werden oft kreative Schreibmethoden verwendet, um die Lebensgeschichte nicht nur zu erzählen, sondern auch aufzuschreiben und falls die Adressat*innen dies wünschen, anderen vorzulesen. Das Aufschreiben ermöglicht es, neue Themen und Erkenntnisse zu entdecken, die vielleicht beim Erzählen nicht berücksichtigt worden wären. Diese Verschriftlichungen können auch für ein Lebensbuch verwendet werden. Im Gegensatz zum Erzählen erfordert das Schreiben nicht unbedingt das Teilen der Lebensgeschichte mit anderen, sondern kann auch zur Selbstreflexion und Selbstvergewisserung genutzt werden. In der Biografiearbeit gibt es eine Vielzahl an kreativen Methoden, wie beispielsweise singen, malen oder basteln. Beim Einsatz dieser Methoden drücken Adressat*innen intuitiv mehr aus, als es ihnen bewusst ist. Körper- und Sinnesmethoden beziehen das Körpergedächtnis bewusst in den Erinnerungsprozess ein. Körperliche Elemente wie Bewegung, Tanz oder Geruch werden eingesetzt, um die Erinnerungen wieder bewusst zu machen, die nicht erzählt oder geschrieben werden können, jedoch im Körpergedächtnis gespeichert sind. Außerdem wird im Rahmen von Biografiearbeit oft mit verschiedenen Medien gearbeitet, die dabei helfen Erinnerungen anzuregen. Ein Beispiel dafür ist der "Erinnerungskoffer", der Gegenstände aus dem Alltag, wie beispielsweise Kinderspiele, Puppen, Schulhefte oder Urkunden enthält.

Familienfotos und Filme können ebenfalls genutzt werden, um Erinnerungsprozesse zu fördern. Zu den meditativen und assoziativen Verfahren zählen Methoden, die versuchen, Erinnerungen auf einer tieferen, vorbewussten Ebene anzusprechen. Dabei werden beispielsweise Fantasiereisen oder Bildassoziationen eingesetzt, um Erinnerungen zu wecken, bei denen den Adressat*innen nicht sofort bewusst ist, welche Bedeutung sie haben. Auf diese Weise können auch Bewusstseinsinhalte angesprochen werden, die Adressat*innen im Alltag nicht mitteilen könnten oder wollten. Die Methode des „Lernens am Modell" findet in der Biografiearbeit ebenfalls Anwendung. Hierbei werden Beispiele von fremden Biografien, wie berühmten Persönlichkeiten genutzt, um Identifikationen anzuregen und die eigene Biografie hinsichtlich der in der anderen Biografie vertretenen Themen zu hinterfragen (vgl. Miethe, 2017, S. 42 ff.).

Besonders in der stationären Kinder- und Jugendhilfe hat sich die Methode des Lebensbuchs stark etabliert. Das Lebensbuch umfasst 150 Seiten und ist in ein Ich-Buch und ein Du-Buch unterteilt. Es dient als strukturierte Anleitung, um Kinder und Jugendlichen bei der Auseinandersetzung mit ihrem vergangenen Leben zu unterstützen. Das Lebensbuch ist darauf ausgerichtet, die Stärken und Zukunftsaussichten der Adressat*innen zu fördern, indem es mit einem ressourcenorientierten Aufbau arbeitet. Das Du-Buch ist der erste Teil des Lebensbuches und beinhaltet das Sammeln von biografischen Informationen und Materialien. Der zweite Teil des Lebensbuches, das Ich-Buch, erzählt in Form von Geschichten vom Alltag und Erleben der Kinder und Jugendlichen, hier muss der Entwicklungsstand berücksichtigt werden. Ergänzende Arbeitsblätter unterstützen die Adressat*innen, die angesprochenen Themen zu bearbeiten. Das Lebensbuch ist ein hilfreiches Instrument für die Biografiearbeit und wird kontinuierlich aktualisiert und erweitert (vgl. ter Horst & Evangelischer Erziehungsverband e.V., 2015, S.3 f.) Folgende Bestandteile sollten in einem Lebensbuch enthalten sein. „Das bin ich!", hier werden die persönlichen Daten der Kinder und Jugendlichen festgehalten, darunter fallen beispielsweise das Geburtsdatum, der Name oder die Geburtsurkunde. Außerdem sollte sich ein Kapitel auf die Familie der Adressat*innen beziehen und Informationen, Fotos, Geburtsdaten oder Kontaktmöglichkeiten enthalten. Ein weiteres Kapitel könnte sich um den aktuellen Lebensort der Kinder und Jugendlichen handeln und Fotos, Personen, den Wohnort oder wichtige Daten beinhalten. Die Geschichte der Adressat*innen sollte in einem Kapitel festgehalten werden und die Umstände des Wechsels des Lebensmittelpunkts aufzeigen. Wichtig ist es, die Gefühle und Ängste der Kinder und Jugendlichen zu erfassen. Die Gegenwart der Adressat*innen ist ein wichtiger Bestandteil des Lebensbuches, ebenso wie die eigene Zukunft, welche Vorstellung die Kinder und Jugendlichen haben. Wenn eine Biografiearbeit mit Adressat*innen mit einem Migrationshintergrund durchgeführt wird, kann ein weiteres

Kapitel Informationen über das Herkunftsland oder das Herkunftsland der Familie beinhalten. Diese Kapitel sind individuell mit den Adressat*innen angefertigt (vgl. Lattschar, 2012, S. 2f.)

5 Biografiearbeit in der stationären Kinder- und Jugendhilfe

Biografiearbeit in der stationären Kinder- und Jugendhilfe unterstützt die Adressat*innen in ihrer Identitätsfindung und Persönlichkeitsentwicklung und ermöglicht ihnen ihre Lebensgeschichte neu zu interpretieren. Das Wissen über die eigene Lebensgeschichte, den familiären Hintergründen und auch gesellschaftliche Bedingungen beeinflussen Menschen in ihren Leben. Sowohl positive als auch negative Erlebnisse haben Konsequenzen auf die Phasen der Kindheit und des Jugend- und Erwachsenenalters. Sie wirken sich im Denken und Handeln aus. Kinder und Jugendliche, die in stationären Einrichtungen der Kinder- und Jugendhilfe leben, sind häufig geprägt von Widersprüchlichkeiten in ihrem Leben, die sich selbst nicht erklären können, genauso wie Brüche in ihrer Geschichte und Krisen innerhalb der Familie und dadurch auch häufig Loyalitätskonflikten. Sie können in ihrer Selbstbestimmung eingeschränkt sein und auch in ihrem sozialen Umfeld erleben sie oft konfliktreiche Beziehungen. Außerdem mangelt es häufig an Wissen über die eigene Biografie. Diese Aspekte wirken sich auf die Entwicklung der Adressat*innen aus (vgl. ter Horst & Evangelischer Erziehungsverband e.V., 2015, S.1). Kinder und Jugendliche, die Erfahrungen mit wechselnden Unterbringungen gemacht haben, haben außerdem häufig ein schwaches Identitätsgefühl. Hier kann es helfen, in der Biografiearbeit die Vergangenheit, die Gegenwart und die Zukunft in Zusammenhang miteinander zu bringen. Adressat*innen kann so Hoffnung für die zukünftige Situationen, aber auch Zweifel verdeutlicht werden (vgl. M. Pieper et al., 2020, S.23). Adressat*innen stellen sich oft die Fragen, weshalb sie in einer Wohngruppe leben, wie lange sie dortbleiben müssen und ob sie schuld daran sind, dass sie nicht mehr bei ihrer Familie leben. Biografiearbeit kann den Kindern und Jugendlichen (vgl. Lattschar, 2012, S. 2) durch Sammeln von Informationen und der intensiven Auseinandersetzung und Bearbeitung mit dem eigenen Leben (vgl. ter Horst & Evangelischer Erziehungsverband e.V., 2015, S.1) Antworten auf ihre Fragen bereitstellen. Sie bietet Adressat*innen einen Zugang zu der eigenen Lebensgeschichte und ermöglicht das Entwickeln von Zukunftsplänen (vgl. Lattschar, 2012, S.2).

Die Biografiearbeit und die damit zusammenhängende Sammlung von biografischen Informationen der Adressat*innen, können das Gefühl vom Ungewissen über die

Vergangenheit des eigenen Lebens reduzieren oder lösen und Sicherheit geben, was in der Vergangenheit passierte, wer sie selbst sind und wohin die Zukunft geht. Außerdem erleben Kinder und Jugendliche in Gesprächen der Biografiearbeit, dass ihre Lebensgeschichte Wert und Bedeutung hat, ihr Selbstwertgefühl wird gestärkt und sie gewinnen eine positive Haltung. Besonders bedeutend ist die Zuwendung für die Adressat*innen, jemand zeigt Interesse an ihrem Leben und Erfahrungen und nimmt sich intensiv Zeit für sie (vgl. M. Pieper et al., 2020, S. 30).

Biografiearbeit sollte im besten Fall von Fachkräften durchgeführt werden, die eine entsprechende Weiterbildung haben. Gemeinsam im Team sollte entschieden werden, wer die Durchführung mit welchem Kind oder Jugendlichen macht, da derjenige die Biografiearbeit machen sollte, der die vertrauensvollste Beziehung zu den Adressat*innen hat (vgl. Lattschar, 2012, S. 4). Die Biografiearbeit sollte nur von Bezugspersonen ausgeführt werden, die eine aktuelle Bindungsperson für das Kind oder den Jugendlichen darstellen und zwischen denen eine Vertrauensbasis herrscht (vgl. ter Horst & Evangelischer Erziehungsverband e.V., 2015, S.2). Wichtige Voraussetzung für die durchführende Fachkraft sind Beständigkeit, Verlässlichkeit und Einfühlungsvermögen. Außerdem sollten die Pädagog*innen immer offen und ehrlich mit den Adressat*innen kommunizieren (vgl. Lattschar, 2012, S.4). Achtsamkeit als Grundhaltung der Pädagog*innen ist besonders wichtig (vgl. M. Pieper et al., 2020, S.32). Die Biografiearbeit mit Adressat*innen aus stationären Einrichtungen ist eine verpflichtende Aufgabe, die sehr zeitintensiv und emotional sein kann. Pädagog*innen müssen sich vor dem Beginn darüber bewusst sein, dass sie die Verantwortung für den Verlauf der Biografiearbeit tragen. Außerdem muss Pädagog*innen bewusst sein, dass sie einen intensiven Kontakt mit dem Kind oder Jugendlichen haben werden. Grundlegend sollte die durchführende Fachkraft davon überzeugt sein, wie bedeutend die Biografiearbeit ist und ihre positive Haltung gegenüber den Adressat*innen vertreten können. Voraussetzung für die Biografiearbeit ist eine chronologische Übersicht der Lebensgeschichte, dies nennt man auch die Lebenslinie, um Vorstellung von der komplexen Geschichte der Adressat*innen zu erhalten. Dabei kann eine ausführliche Einarbeitung in die Akten, sowie das Einbeziehen der verantwortlichen Personen hilfreich sein (vgl. ter Horst & Evangelischer Erziehungsverband e.V., 2015, S.2). Die Wahl der Methode ist abhängig vom Alter, den Fähigkeiten und Möglichkeiten, dem Entwicklungsstand und auch den Interessen der Kinder und Jugendlichen (vgl. Lattschar, 2012, S.3). Beginnen sollte die Arbeit mit positiven Themen, für die sich Adressat*innen interessieren, denn im Vordergrund der Biografiearbeit ist der Spaß. Aus diesem Grund werden negative Themen nicht direkt am Anfang besprochen. Pädagog*innen sollten sich regelmäßig und vor allem verlässlich mit den Adressat*innen treffen (vgl. ter Horst & Evangelischer Erziehungsverband e.V., 2015, S.3) Jedoch ist es immer erst möglich mit der Biografiearbeit zu beginnen, wenn die Kinder und Jugendlichen Interesse dafür haben (vgl. Lattschar, 2012, S.4). Wie lange die Treffen dauern, ist ebenfalls vom Alter und der Konzentrationsfähigkeit des Kindes oder Jugendlichen abhängig (vgl. ter Horst & Evangelischer Erziehungsverband e.V., 2015, S.3). Für die Einzelarbeit mit Adressat*innen sollten ein halbes bis ein Jahr eingeplant werden, in dem regelmäßige wöchentliche oder zweiwöchentliche Treffen fest stattfinden, die etwa eine Stunde in Anspruch nehmen sollten. Bei der Biografiearbeit in einer Gruppe können etwa zehn bis zwölf Treffen angesetzt werden (vgl. Lattschar, 2012, S.3).

Die Intensität und Tiefe der Biografiearbeit unterscheidet sich jedoch in jedem Alter. Bei der Biografiearbeit mit Kindern bis zum Kindergartenalter geht es vorrangig darum, Erinnerungsstücke zu sammeln oder zu dokumentieren. Eine Erinnerungskiste könnte zum Beispiel den ersten Strampelanzug, das Lieblingsspielzeug oder ein Erinnerungsstück an die Eltern enthalten. Eine chronologische Dokumentation ist in diesem Alter noch nicht sinnvoll, jedoch können Kinder in diesem Alter bereits durch verschiedene Gegenstände einen emotionalen Zugang zur Vergangenheit herstellen. Kinder im Kindergartenalter sind bereits in der Lage, Gefühle auszudrücken und Fragen zu verstehen und auch zu beantworten. Hier können Rollen- oder Puppenspiele, Bilderbücher oder auch das Malen genutzt werden, um bestimmte Themen anzusprechen (vgl. ebd., S.3). Biografiearbeit kann schon in sehr jungem Alter begonnen werden, die ideale Zeit liegt zwischen dem Grundschulalter und der Pubertät, dabei gibt es jedoch kein Höchstalter (vgl. ter Horst & Evangelischer Erziehungsverband e.V., 2015, S.3). Laut Pieper et al. (2020) steigt das Interesse an der eigenen Vergangenheit in der Vorpubertät stark an (vgl. M. Pieper et al., 2020, S.31). Kinder im Grundschulalter haben bereits eine längere Aufmerksamkeitsspanne. Sie sind in der Lage, sich in die Position anderer Personen zu versetzen und beginnen auch die Zeitdimensionen Vergangenheit, Gegenwart, Zukunft zu verstehen. Mit ihnen kann gezielt und regelmäßig an einem Lebensbuch gearbeitet werden. Das Interesse an der eigenen Person ist im Grundschulalter sehr hoch. Ab etwa dem neunten Lebensjahr kann die Arbeit mit Gruppen eingesetzt werde, wenn die Kinder kooperativ zusammenarbeiten können. In der Pubertät kann es herausfordernder werden, Jugendliche für die Idee der Biografiearbeit zu begeistern. Sie sind oft nicht an der Vergangenheit interessiert, sondern konzentrieren sich auf die Gegenwart und die Zukunft. Kontakte zu Gleichaltrigen sind für sie wichtiger als zu Erwachsenen. In diesem Alter kann die Gruppenarbeit eine geeignetere Methode sein. Es ist wichtig, die Jugendlichen in die Planung und Gestaltung einzubeziehen und ihnen die Möglichkeit zu geben, Verantwortung zu übernehmen (vgl. Lattschar, 2012, S.3 f.).

Abschließend ist es wichtig zu sagen, dass Biografiearbeit kein Ersatz für eine Therapie ist, jedoch therapeutische Wirkung zeigen kann (vgl. ter Horst & Evangelischer Erziehungsverband e.V., 2015, S.4). So liegen Grenzen der Biografiearbeit mit Kindern und Jugendlichen in stationären Einrichtungen in der Bearbeitung von Traumata (vgl. M. Pieper et al., 2020, S. 32).

6 Fazit

Die Biografiearbeit in der stationären Kinder- und Jugendhilfe hat eine große Bedeutung für die Entwicklung und Klärung der Identität der Adressat*innen. Sie lernen ihre eigene Lebensgeschichte zu akzeptieren, dies kann als Grundlage für die persönliche Weiterentwicklung dienen. Durch das Sammeln von Informationen, der intensiven Auseinandersetzung und Bearbeitung mit dem eigenen Leben, werden den Adressat*innen Antworten auf ihre Fragen bereitgestellt. Die Vergangenheit, Gegenwart und die Zukunft werden in Zusammenhang miteinander gebracht, um den Adressat*innen Zweifel zu nehmen und Hoffnung zu schaffen. Besonders die Methode des Lebensbuches hat sich in der Kinder- und Jugendhilfe als unersetzlich gezeigt. Das Lebensbuch bietet eine strukturierte Anleitung für die Auseinandersetzung mit dem vergangenen Leben und unterstützt dabei, die Stärken und Zukunftsaussichten der Adressat*innen zu fördern. Die Vielfältigkeit der Methoden in der Biografiearbeit setzt für die Durchführung Flexibilität, sowie Erfahrungen und Kenntnisse der Fachkräfte voraus. Außerdem ist die Verlässlichkeit und Beständigkeit der Sozialarbeiter*innen Grundvoraussetzung, um mit den Adressat*innen der stationären Kinder- und Jugendhilfe Biografiearbeit durchzuführen. Adressat*innen erfahren in Gesprächen der Biografiearbeit, dass ihre Lebensgeschichte Wert und Bedeutung hat und sich jemand intensiv die Zeit nimmt, sich mit ihrem Leben auseinanderzusetzen und sie zu unterstützen. Fachkräften, die Biografiearbeit in der Praxis durchführen, muss bewusst sein, dass sie damit eine Verpflichtung eingehen und die Verantwortung über den Verlauf der Biografiearbeit haben. Es ist wichtig, dass Sozialarbeiter*innen ihr eigenes Handeln, sowie ihre fachwissenschaftliche Haltung immer wieder reflektieren.

Literaturverzeichnis

Bettinger, F. (2008). Sozialer Ausschluss und kritisch-reflexive Sozialpädagogik - Konturen einer subjekt- und lebensweltorientierten Kinder- und Jugendarbeit. In *Sozialer Ausschluss und Soziale Arbeit* (2. Aufl.). Roland Anhorn, Frank Bettinger, Henning Schmidt-Semisch, Johannes Stehr. S. 423 – 425.

Bettinger, F. (2018). Aktuelle Herausforderungen und Perspektiven der Theorieentwicklung in der Sozialen Arbeit. *Vortrag an der Alice- Salomon Hochschule Berlin.*

Bettinger, F. (2021). Über die Verantwortung Sozialer Arbeit in Praxis und Hochschule - Nicht nur in Zeiten der Pandemie. In *Corona, Gesellschaft und Soziale Arbeit Neue Perspektiven und Pfade* (1.). Ronald Lutz / Jan Steinhaußen / Johannes Kniffki. S. 312

Hölzle, C. & Jansen, I. (2009). *Ressourcenorientierte Biografiearbeit: Grundlagen - Zielgruppen - Kreative Methoden.* Springer-Verlag.

Krecan-Kirchbichler, B. & Klingenberger, H. (2012). Sinn - Teilhabe - Lebensbejahung: das Münchner Modell der Biografiearbeit; eine pädagogische Handlungskonzeption. *Erwachsenenbildung : Vierteljahresschrift für Theorie und Praxis, 58* (3), S. 132–136. https://doi.org/10.3278/ebz1203w132

Lattschar, B. (2012). Biografiearbeit in der Jugendhilfe. *Unsere Jugend, 64*(5), S. 194–203.

Miethe, I. (2017). *Biografiearbeit: Lehr- und Handbuch für Studium und Praxis* (3.). Beltz Juventa.

Miethe, I. (2020). Biografiearbeit. In *Zeit im Lebensverlauf.* transcript Verlag. S. 81 – 84.

Pieper, M., Wagener-Gudjons, B. & Gudjons, H. (2020). *Auf meinen Spuren: Übungen zur Biografiearbeit* (8.). Julius Klinkhardt. S.

Schindler, H. (2022). *Sich selbst beheimaten: Grundlagen systemischer Biografiearbeit.* Vadenhoeck & Ruprecht.

ter Horst, K. & Evangelischer Erziehungsverband e.V. (2015). Biografiearbeit in der Kinder- und Jugendhilfe. *Evangelische Jugendhilfe, Heft 1.*

Anhang

Stufen der Psychosozialen Entwicklung nach Erik Erikson:

Identitätsstufe (ungefähres Alter)	Themen	Aufgabenbeschreibung
Säugling und Kleinkind (0-1 Jahr)	Vertrauen vs. Misstrauen	Wenn Bedürfnisse angemessen befriedigt werden, entwickelt das Kind ein Urvertrauen
Kleinkind (1-2 Jahre)	Autonomie vs. Scham und Selbstzweifel	Das Kind lernt, seinen Willen durchzusetzen und Dinge selbstständig zu erledigen oder es zweifelt an seinen Fähigkeiten
Vorschulkind (3-5 Jahre)	Initiative vs. Schuld	Das Vorschulkind lernt, Dinge aus eigener Initiative zu erledigen und Pläne durchzuführen oder es entwickelt Schuldgefühle wegen seiner Unabhängigkeitsbestrebungen
Schulkind (ab 6. Lebensjahr bis zur Pubertät)	Kompetenz vs. Minderwertigkeit	Das Kind erfährt die Lust an der Erfüllung einer Aufgabe, oder es fühlt sich minderwertig
Adoleszenz (vom 13. bis etwa 20. Lebensjahr)	Identität vs. Rollendiffusion	Der Teenager verfeinert sein Selbstbild durch Erproben verschiedener Rollen, die dann integriert werden und die Identität bilden, oder er gerät in Verwirrung und weiß nicht, wer er ist
Frühes Erwachsenenalter (von etwa 20 bis etwa 40 Jahre)	Intimität vs. Isolation	Junge Erwachsene kämpfen darum, enge Beziehungen einzugehen und die Fähigkeit zu Liebe und Intimität zu erlangen, oder sie fühlen sich einsam und isoliert
Mittleres Erwachsenenalter (40-60 Jahre)	Generativität vs. Stagnation	Im mittleren Erwachsenenalter will der Mensch seinen Beitrag zur Welt leisten, meist durch Familiengründung und Arbeit, sonst entwickelt er ein Gefühl der Sinn- und Zwecklosigkeit
Spätes Erwachsenenalter (ab 60 Jahre)	Ich-Integrität vs. Verzweiflung	Denkt der ältere Mensch über sein Leben nach, geschieht dies mit dem Gefühl der Befriedigung oder dem des Gescheitertseins

(Hölzle & Jansen, 2009, S. 37)